Michael Jaschek

Standardisierungsorganisationen: Konkurrenz und Relevanz

GRIN Verlag

Bibliografische Information der Deutschen Nationalbibliothek:

Die Deutsche Bibliothek verzeichnet diese Publikation in der Deutschen National-
bibliografie; detaillierte bibliografische Daten sind im Internet über http://dnb.d-
nb.de/ abrufbar.

Impressum:

Copyright © 2005 GRIN Verlag GmbH
Druck und Bindung: Books on Demand GmbH, Norderstedt Germany
ISBN: 978-3-656-45246-1

Dieses Buch bei GRIN:

http://www.grin.com/de/e-book/47550/standardisierungsorganisationen-konkurrenz-
und-relevanz

GRIN - Your knowledge has value

Der GRIN Verlag publiziert seit 1998 wissenschaftliche Arbeiten von Studenten, Hochschullehrern und anderen Akademikern als eBook und gedrucktes Buch. Die Verlagswebsite www.grin.com ist die ideale Plattform zur Veröffentlichung von Hausarbeiten, Abschlussarbeiten, wissenschaftlichen Aufsätzen, Dissertationen und Fachbüchern.

Besuchen Sie uns im Internet:

http://www.grin.com/

http://www.facebook.com/grincom

http://www.twitter.com/grin_com

Seminar im SS 2005

Integration in der Wirtschaftsinformatik

Thema der Arbeit:

Standardisierungsorganisationen: Konkurrenz und Relevanz

Eingereicht am:

24. Juni 2005

Inhaltsverzeichnis

Abbildungsverzeichnis

Tabellenverzeichnis

Abkürzungsverzeichnis

ANSI	American National Standards Institute
DCOM	Distributed Component Object Model
DIN	Deutsches Institut für Normung e.V.
ebXML	Electronic Business XML
EDI	Electronic Data Interchange
EICTA	European Information & Communications Technology Industry Association
EDIFACT	Electronic Data Interchange for Administration, Commerce and Transport
HTTP	Hypertext Transfer Protocol
IEEE	Institute of Electrical and Electronic Engineers
IPR	Intellectual Property Rights
IT	Informationstechnologie
OASIS	Organization for the Advancement of Structured Information Standards
OECD	Organization for Economic Co-Operation and Development
RDF	Resource Description Framework
RPC	Remote Procedure Calls
SOAP	Simple Object Access Protocol
UDDI	Universal Description, Discovery and Integration
UN/CEFACT	United Nations Centre for Trade Facilitation and Electronic Business
URI	Uniform Resource Identifiers
W3C	World Wide Web Consortium
WTO	World Trade Organization
WWW	World Wide Web
XML	Extensible Markup Language

1 Standardisierungsorganisationen und die Integration in der Wirtschaftsinformatik

Investitionen in Informationstechnologien bieten auf den ersten Blick einen großen Entscheidungsspielraum. Durch die relativ große Anzahl an Soft- und Hardwareherstellern ist der vermeintliche Anreiz für Anwender hoch, Investitionsentscheidungen allein aus kurzfristigen Kostengesichtspunkten zu treffen. Fällt die Auswahl auf ein proprietäres (herstellerabhängiges) Softwaresystem, verengt sich jedoch rasch der Entscheidungsspielraum des Anwenders, da Änderungen am bestehenden System nur vom Hersteller selbst durchgeführt werden können. Dies kann erhebliche Folgeinvestitionen nach sich ziehen.[1]

Die historisch gewachsenen IT-Systemlandschaften müssen durch die zunehmende Komplexität innerhalb und zwischen Unternehmen zu einem effektiven und effizienten Gesamtsystem integriert werden. Unter den heutigen Gegebenheiten schließen sich Firmen zunehmend zu Netzwerken zusammen und führen weltweite Handelstransaktionen durch. Verkürzte Produktlebenszyklen und eine starke Kundenorientierung fordern beispielsweise im Supply Chain Management eine enge Vernetzung der Informations- und Kommunikationssysteme der Netzwerkpartner.[2] Nur durch eine standardisierte Schnittstelle zwischen heterogenen Systemlandschaften kann eine Prozessoptimierung erreicht werden.[3]

Die Anwender befinden sich in einem Dilemma, wenn sie allgemeingültige Kommunikationsregeln einsetzen wollen. Einerseits ist der Nutzen neuer Technologien im Voraus nur schwer abschätzbar, wodurch Investitionsentscheidungen bis zum Eintreffen sicherer Informationen hinausgezögert werden.[4] Andererseits können diese Informationen nur generiert werden, wenn eine möglichst breite Basis installiert wurde (kritische Masse). Mit jedem zusätzlichen Teilnehmer, der die Technologie einsetzt, steigt der Gesamtnutzen der vernetzten Systeme. Standardisierungsorganisationen leisten einen

---

[1] Hansen/Neumann, 2002, S. 147.

[2] Supply Chain Management ist die effiziente und effektive Koordination von Geld-, Finanz-, Güter- und Informationsflüssen innerhalb und zwischen Unternehmen. Vgl. Göpfert, 2000, S. 15f.

[3] Vgl. Speyerer, 2004, online.

[4] Man spricht in diesem Zusammenhang auch vom sog. „Pinguin-Effekt". Eine Gruppe hungriger Pinguine steht am Rand einer Eisscholle und hofft, dass die anderen als erste ins Wasser springen, da sie selbst Angst vor Raubfischen haben. Erst wenn einige Pinguine im Wasser sind, sinkt das Risiko und die übrigen Pinguine folgen nach. Vgl. Hess, 1993, S. 20f.

wichtigen Beitrag dabei den Informationsbedarf der risikoscheuen Akteure zu bedienen. Für die Hersteller von Informations- und Kommunikationssystemen spielen Standardisierungsorganisationen ebenfalls eine bedeutende Rolle. Unternehmen haben generell ein großes Interesse daran, die eigenen Produkte zum Marktstandard zu erheben, um Differenzierungsvorteile zu generieren. Dieses Differenzierungsverhalten ist jedoch mit Risiken und Marktineffizienzen verbunden. Im Wettbewerb mit anderen Anbietern zählt nicht nur das primäre Leistungsvermögen einer Technologie, sondern auch deren Akzeptanz und Verbreitung beim Nutzer. Ohne Standardisierung ist die Position der einzelnen Anbieter oftmals nicht stark genug, um eine Technologie am Markt durchzusetzen.[5] Um diese Fragmentierung des Marktes einzudämmen, helfen Standardisierungsorganisationen hier ebenfalls. Hersteller sind zunehmend dazu übergegangen, Basistechnologien gemeinsam zu entwickeln und diese von einer neutralen Instanz veröffentlichen zu lassen. Die Entwicklungskosten und die damit verbundenen Marktrisiken werden auf mehrere Teilnehmer verteilt.

Diese Arbeit soll zeigen, dass Standardisierungsorganisationen für die Entwicklung und Diffusion einer Technologie eine bedeutende Rolle spielen. In Kapitel 2 erfolgt die Definition grundlegender Begriffe. Der Aufbau, die Arbeitsweise und die Aufgaben der wichtigsten Standardisierungsorganisationen im Bereich der Integration von Informations- und Kommunikationssystemen werden in Kapitel 3 beschrieben. Kapitel 4 zeigt dann die Relevanz und Konkurrenz unterschiedlicher Organisationen bei der Entwicklung von so genannten Web Services auf. Abschließend erfolgt ein Fazit.

---

[5] Vgl. Hess, 1993, S. 23.

2 Grundlegende Begriffe und Definitionen

2.1 Normen

Normen werden von allgemein anerkannten Institutionen ausgearbeitet und veröffentlicht. Der Begriff der Normung beschreibt dabei „die planmäßige, durch die interessierten Kreise gemeinschaftlich durchgeführte Vereinheitlichung von materiellen und immateriellen Gegenständen zum Nutzen der Allgemeinheit. Sie darf nicht zu einem wirtschaftlichen Sondernutzen einzelner führen. Sie fördert die Rationalisierung und Qualitätssicherung in Wirtschaft, Technik, Wissenschaft und Verwaltung. Sie dient der Sicherheit von Menschen und Sachen sowie der Qualitätsverbesserung in allen Lebensbereichen. Sie dient außerdem einer sinnvollen Ordnung und der Information auf dem jeweiligen Normungsgebiet."[6]

Durch die Normung wird folglich versucht, in einer Gemeinschaftsarbeit eine Vereinheitlichung zu erreichen um eine Grundlage für eine Ordnungs- und Leistungssteigerung zu schaffen. Nach ihrer Art können sie in Terminologie-, Prüf-, Produkt-, Verfahrens-, Dienstleistungs-, Schnittstellen- und Deklarationsnormen unterschieden werden.[7] Ein weiteres Unterscheidungskriterium von Normen ist deren regionale, nationale oder internationale Gültigkeit.

2.2 Standards

Von einem Standard spricht man im Allgemeinen, wenn etwas bestimmten Verhaltensregeln, Absprachen oder Normen entspricht.[8] Neben anerkannten Institutionen können jedoch auch Hersteller oder Interessengruppen Standards einführen und diese freiwillig anwenden. Man spricht in diesem Fall von so genannten De-facto-Standards.[9] Ebenso kann eine Vereinheitlichung technischer Konfigurationsmerkmale gemeint sein. Dieser Fall wird in der vorliegenden Arbeit in Bezug auf den Einsatz von Software-Komponenten bei der Integration heterogener Informations- und Kommunikationssysteme betrachtet.

---

[6] DIN 820, 1994.
[7] Vgl. o.V., 2005a, online.
[8] Vgl. Hess, 1993, S. 18.
[9] Vgl. o.V., 2005a, online.

Referenz- und Qualitätsstandards senken für die Käufer die Informationsbeschaffungskosten. Kompatibilitäts- oder Schnittstellenstandards verbessern hingegen die gemeinsame Nutzung von verschiedenen Komponenten eines technischen Systems.[10]

2.3 Standardisierungsdimensionen

Bei der Standardisierung wird zwischen zwei Gestaltungsdimensionen unterschieden. Die erste Dimension befasst sich mit dem **Grad der Standardisierung**.[11] Hier legen Unternehmen fest, wie viele und welche Produktfunktionen standardisiert werden sollen, d.h. wie groß der Raum für eine Differenzierung gegenüber der Konkurrenz sein soll. Zusätzlich muss entschieden werden, zu welchen Produkten eine Kompatibilität aufgebaut werden soll. Besteht Kompatibilität, wird die Wechselbereitschaft zu einem neuen Standard erhöht.

Bei der zweiten Dimension handelt es sich um die **Reichweite des Standards**.[12] Dieses Entscheidungsfeld unterteilt sich in den Bereich der Anzahl und Bedeutsamkeit der Anbieter, die den neuen Standard adaptieren, sowie die Verbreitung des Standards bei den Anwendern.

Im Bereich der Anbieter stellt sich die Grundfrage, ob eine standardisierte Technologie überhaupt an die Wettbewerber weitergegeben werden soll. Kann jeder Anbieter den Standard uneingeschränkt nutzen, sieht man von Registrierungspflichten oder ähnlichem ab, spricht man von einem *offenen Standard*. Das Gegenteil dazu ist der *geschlossene Standard*, der die Hersteller beispielsweise vor Imitatoren schützen soll. Neben der Inkompatibilität der Produkte sichert die Einbettung bzw. Kapselung von Innovationen in ein bereits bestehendes (standardisiertes) Produkt den proprietären Standard. Dies war beispielsweise beim Internet Explorer der Firma Microsoft der Fall. Durch das Quasi-Monopol bei den Betriebssystemen konnte mit der Einbettung des Internet Explorers in das Betriebssystem Windows 95 der vorherige Marktführer Netscape mit seinem Netscape Navigator vom Markt verdrängt werden.[13] Weitere Merkmale eines geschlossenen Standards sind Patente oder ähnliche Schutzrechte. Beispielsweise versucht derzeit die Computerindustrie durch die Industrievereinigung EICTA[14] unter dem Protest der Open-Source-Bewegung bei der EU-Kommission eine weit reichende Patentier-

---

[10] Vgl. Johannes, 1999, online.
[11] Vgl. Hess, 1993, S. 25.
[12] Vgl. Hess, 1993, S. 27.
[13] Vgl. Borchers, 2004, online.
[14] European Information & Communications Technology Industry Association , www.eicta.org

barkeit von Software zu erreichen. Konzerne wie IBM, Intel, Microsoft, Nokia oder Siemens unterstützen den Entwurf, der auch eine Vergabe von Zwangslizenzen zur Gewährleistung von Interoperabilität vorsieht.[15] Beim *beschränkten Standard* muss festgelegt werden, zu welchen Konditionen (z.B. Lizenzgebühren etc.) ein Know-how-Transfer umgesetzt werden soll.

Im Bereich der Endnutzer ist die Verbreitung eines Standards gerade in Branchen mit hohen Kompatibilitätsanforderungen erfolgskritisch. Bei einem *branchenweiten Standard* existiert nur ein einziger marktbeherrschender Standard, wohingegen bei mehreren am Markt etablierten Standards eine *Fragmentierung des Standards* herrscht. Diese Aufteilung der Märkte wirkt sich langfristig insgesamt negativ auf das gesamte Branchenwachstum aus. Die beschriebenen Strategiedimensionen zeigt Abb. 1.

Abb. 1: Standardisierungsstrategie, Quelle: Eigene Darstellung

3 Standardisierungsorganisationen

Im Folgenden werden die vier wichtigsten Standardisierungsorganisationen analysiert, die im Bereich der Integration von Informations- und Kommunikationssystemen tätig sind. Im Rahmen dieser Arbeit kann nur diese kleine Auswahl der unzähligen weltweit tätigen Standardisierungsinitiativen beschrieben werden. Es werden exemplarisch die Gemeinsamkeiten und Unterschiede der Institutionen in Bezug auf ihre Entstehung, Mitglieder, Ziele, Zuständigkeiten, Finanzen und Koordinationsstrukturen aufgezeigt.

---

[15] Krempl, 2005, Online

3.1 World Wide Web Consortium

Das *World Wide Web Consortium* (W3C) wurde im Jahr 1994 am Massachusetts Institute of Technology vom Erfinder des *World Wide Web* (WWW), Tim Berners Lee, gegründet. Seitdem verfolgen die internationalen Mitglieder das Ziel offene (nichtproprietäre) Web-Standards und Richtlinien für Protokolle zu erarbeiten und zu verbreiten.[16] Bis zum Jahr 2004 wurden über 80 W3C Empfehlungen veröffentlicht.

Das W3C ist ein Zusammenschluss von mehr als 370 Mitgliedern. Unter ihnen befinden sich Organisationen aus der Industrie, staatliche Einrichtungen und wissenschaftliche Institute. Viele führende Technologieunternehmen unterhalten eine Mitgliedschaft, wie beispielsweise die Firmen Microsoft, IBM und Sun Microsystems.[17] Die Kosten für die jährliche Vollmitgliedschaft betragen 60.540 Euro, was den Kreis der möglichen Mitglieder stark einschränkt. Um jedoch eine breitere Basis zu schaffen können auch nichtgewinnorientierte Unternehmen und Einrichtungen der öffentlichen Hand für einen Jahresbeitrag von derzeit ca. 6.000 Euro dem Konsortium beitreten.[18] Neben den Mitgliedsbeiträgen müssen Standardisierungsvorhaben von den teilnehmenden Mitgliedern finanziert werden. Im Gegensatz zu anderen Standardisierungsorganisationen ist das W3C daher nicht zwingend auf den Verkauf von Publikationen oder ähnliche Einnahmequellen angewiesen. Die Vorteile einer Mitgliedschaft sind generell das Mitspracherecht in den Beratungsgremien und die Partizipation an den Entwicklungsergebnissen (geschlossener Mitgliederbereich, Newsletter). Mitglieder erhalten einen Informationsvorsprung durch den frühzeitigen Einblick in die Entwicklung des Marktes.[19] Dies ist jedoch nicht als direkter Wettbewerbsvorteil anzusehen, da auch Wettbewerber Mitglieder des W3C sein können. Vielmehr verlagert sich der Wettbewerb von einen exklusiven Standard zu einem Technologiewettbewerb mit gleichen Ausgangsbedingungen.

Die Koordination innerhalb des Netzwerkes erfolgt durch Vertrauen und die Durchsetzung mittels Konsens. Um die große Zahl von Mitgliedern effizient und effektiv koordinieren zu können müssen sich diese einem strengen Regelkatalog unterwerfen. Diese Maßnahme ist notwendig, damit Einigungsprozesse nicht hinausgezögert oder verhindert werden können.

---

[16] Vgl. W3C, 2005a, online.
[17] Vgl. W3C, 2005e, online.
[18] Vgl. W3C, 2005f, online.
[19] Vgl. W3C, 2005g, online.

Der Prozess zur Erarbeitung einer Empfehlung startet mit einem Projektvorschlag von Mitgliedern. [20] Besteht Einigkeit über die Motivation, den Umfang und die Struktur des Vorhabens, so beginnt die Bildung von Arbeits-, Interessen- und Koordinationsgruppen. Diese erarbeiten gemeinsam Konzepte und leiten diese zur Prüfung an ein Beratungs-komitee weiter. Innerhalb von vier Wochen ergeht ein Bericht an einen Beratungsaus-schuss, der über die Fortführung oder die Neuentwicklung des Projektes bestimmt. Die Entscheidung den Vorschlag einer Arbeitsgruppe zu einer offiziellen W3C-Empfehlung zu machen, unterliegt allein dem Direktor Berners-Lee. Dies wirft die Frage nach einem ausreichend transparenten und demokratischen Entscheidungsprozess auf. Zwar propa-giert das W3C einen offenen Diskussionsprozess zur Entwicklung des Standards, jedoch bleiben die Beweggründe für die endgültige Entscheidung des „Despoten" Berners-Lee unklar.

Nach Ansicht des W3C kann das volle Potential des Web nur mit kompatiblen Techno-logien realisiert sowie eine Fragmentierung des Marktes verhindert werden. [21] Die Stabi-lität und die langfristige Weiterentwicklung des WWW sollen gefördert werden. Emp-fehlungen des W3C müssen jedoch von dessen Mitgliedern nicht zwingend umgesetzt werden. Durch die breite Beteiligung unterschiedlicher Interessengruppen und die l-zenzfreie Nutzbarkeit kann jedoch von einer breiten Adoption der Empfehlungen aus-gegangen werden.

Für das W3C dienen als Grundlagen der Web-Infrastruktur die *Uniform Resource Iden-tifiers* (URI)22, das *Hypertext Transfer Protocol* (HTTP)[23], die *Extensible Markup Lan-guage* (XML)[24] und das *Resource Description Framework* (RDF).[25] Auf dieser Grund-lage werden fünf generelle Tätigkeitsbereiche vom W3C bearbeitet. Diese betreffen die Interaktion (Interaction), das mobile Web (Mobile Web), Sprachübertragung (Voice), Web Services, das Semantic Web sowie die Privatsphäre und Sicherheit (Privacy, Secu-rity). Abb. 1 gibt einen Überblick über die Rahmenstruktur des W3C.

---

[20] Vgl. W3C, 2005h, online.
[21] Vgl. W3C, 2005b, online.
[22] Vgl. W3C, 2005c, online.
[23] Vgl. Wikipedia, 2005a, online.
[24] Vgl. W3c, 2005d, online.
[25] Vgl. Wikipedia, 2005b, online.

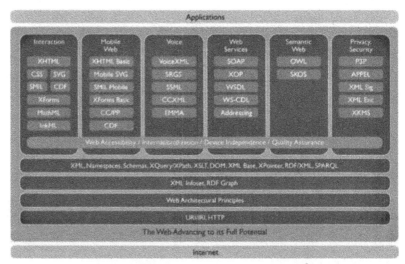

Abb. 2: Das Schichtenmodell der W3C Technologie. Quelle: W3C (2005): Technik,
http://www.w3c.de/about/technology.html, 2005-06-14.[26]

3.2 Institute of Electrical and Electronic Engineers

Das *Institute of Electrical and Electronic Engineers* (IEEE) ist eine gemeinnützige Organisation, die im Jahre 1963 in Amerika gegründet wurde. Die Aktivitäten der Vorgängerorganisationen reichen bis ins 19. Jahrhundert zurück. Heute fungiert das IEEE nach eigenen Angaben als Berufsverband in den Bereichen der Computertechnik, Biometrie, Telekommunikation, Energieversorgung, Raumfahrt und Consumer Electronics. Die Organisation ist unpolitisch und engagiert sich nicht bei Tarifverhandlungen. Weltweit werden die Interessen von 360.000 Einzelmitgliedern in 175 Ländern koordiniert.[27] Jährlich finden bis zu 300 große Konferenzen statt, um neue Standards zu erarbeiten, wodurch bisher ca. 700 Standards veröffentlicht werden konnten.[28] Wichtige IEEE-Standards sind beispielsweise das Bussystem für Peripheriegeräte (IEEE 488), das Local Area Network (IEEE 802), die Parallele Schnittstelle (IEEE 1284) oder die FireWire Schnittstelle (IEEE 1394).[29]

Die Vision des IEEE ist es technische Innovationen und den weltweiten Ideenaustausch zu fördern. Die Organisation setzt sich dabei für die Erschaffung, Entwicklung, Integra-

---

[26] Eine Erklärung der Abkürzungen dieser Abbildung befindet sich im Anhang.
[27] Vgl. IEEE, 2005a, online; Vgl. Werle, 2000, online, S. 20.
[28] Vgl. IEEE, 2005c, online.
[29] Vgl. Wikipedia, 2005c, online.

tion, den Austausch und die Anwendungen von Wissen über Elektro- und Informations-technologien ein. [30]

Finanziert wird die Arbeit der Organisation zum einen durch jährliche Mitgliedsbeiträge in der Höhe von 150 bis 200 Euro und zum anderen durch den Verkauf von Publikationen. [31] Der Anteil der IEEE-Publikationen an den weltweiten Veröffentlichungen zum Thema Ingenieurwissenschaften und Computertechnik beträgt rund 30 Prozent [32]. In einer hierarchischen Aufbauorganisation erfolgt die Koordination der Mitglieder. An der Spitze steht die Vorstandsversammlung, die die einzelnen Aktivitäten der einzelnen Regionalgruppen überwacht und über die Veröffentlichung von Richtlinien und Empfehlungen entscheidet. Unterhalb des Vorstands befinden sich Regionalgruppen. Innerhalb dieser Regionalgruppen werden Fachgruppen gegründet, in welche Mitglieder gegen eine zusätzliche Gebühr eintreten können, um an der Erarbeitung neuer Standards mitzuarbeiten. [33] Standardisierungsvorschläge werden immer an die nächst höhere Instanz weitergeleitet, bis sie vom obersten IEEE Beratungskomitee genehmigt und veröffentlicht werden. [34] Das Urheber- bzw. Verwertungsrecht aller Publikationen liegt beim IEEE. [35] Veröffentlichungen des IEEE werden oft von den staatlichen Standardisierungs-institutionen wie der ANSI oder der ISO übernommen. [36]

3.3 Organization for the Advancement of Structured Information Standards

Die *Organization for the Advancement of Structured Information Standards* (OASIS) wurde im Jahr 1993 mit dem Ziel gegründet die Entwicklung, Zusammenführung und Verbreitung von unternehmensübergreifenden Kommunikationsschnittstellen zu fördern. Von der Zentrale in Amerika aus werden in über 100 Ländern mehr als 600 Organisationen bei ihren Standardisierungsbestrebungen koordiniert. [37] Finanziert wird die Arbeit der Organisation durch jährliche Mitgliedsbeiträge. Den größten relativen Anteil

---

[30] Vgl. IEEE, 2005b, online.
[31] Vgl. IEEE, 2005d, online.
[32] Vgl. IEEE, 2005c, online.
[33] Eine ähnliche Struktur herrscht in der deutschen Gesellschaft für Informatik vor.
[34] Vgl. IEEE, 2005e, online.
[35] Vgl. IEEE, 2005f, online.
[36] Vgl. o.V., 2005b, online.
[37] Vgl. OASIS, 2005a, online.

tragen dabei die drei Stiftungsmitglieder (Foundation Sponsor) SAP[38], Sun Micro-systems[39] und Innodata Isogen[40] mit je 45.000 Dollar. Gewöhnliche Unternehmen zahlen 13.500 Euro und gemeinnützige Organisationen 1.000 Dollar.[41] An der Spitze der Organisation steht ein Verwaltungsrat, der alle zwei Jahre neu gewählt wird.[42]

Standardisierungsvorhaben werden nach Möglichkeit durch Partnerschaften mit anderen Standardisierungsorganisationen wie beispielsweise dem W3C durchgeführt. Dahinter steht die Erkenntnis, dass „nicht eine Organisation alles machen kann."[43] Überschnei-dungen in Standards sollen so vermieden werden. Die von OASIS erarbeiteten Standards sind lizenzfrei, unterliegen jedoch den Urheberrechtsbestimmungen (Intellectual Property Rights Policy, IPR) der Standardisierungsorganisation. Die IPR sieht vor, dass die Spezifikationen in Teilen oder auch vollständig genutzt werden können, wenn OA-SIS als Urheber aufgeführt wird.[44]

Um ein transparentes Verfahren zu erreichen dürfen keine Entwurfsbeiträge oder Rückmeldungen als vertraulich gekennzeichnet oder so behandelt werden. Standardisie-rungsvorschläge müssen zudem frei von Rechten Dritter sein. Besitzt ein Mitglied einer Projektgruppe Schutzrechte an einem Standardisierungsvorschlag, so muss er dieses anzeigen und OASIS ein unbefristetes lizenzfreies Nutzungsrecht einräumen. Verlässt ein Mitglied OASIS freiwillig oder auch unfreiwillig, so wird es aus allen Beratungsak-tivitäten ausgeschlossen.

Der Veröffentlichungsprozess beginnt mit der Gründung eines Ausschusses. Dieser entwickelt und beschließt im Konsens einen Standard, der dann der Öffentlichkeit zur Begutachtung vorgestellt wird. Bevor der Standard endgültig vom gesamten Konsorti-um ratifiziert werden darf, muss er zuvor erfolgreich in mindestens drei Mitgliedsorga-

---

[38] SAP ist der Marktführer auf dem Gebiet der betriebswirtschaftlichen Standardsoftware. http://www.sap.com.
[39] Sun Microsystems ist einer der führenden Anbieter von Hard-, Software sowie Dienstleistun-gen für die Vernetzung von Unternehmen. Im Jahre 1995 schuf Sun die objektorientierte und systemunabhängige Programmierplattform Java. http://www.sun.com
[40] Innodata-Isogen ist ein weltweit führender Anbieter von Software für das Informationsmana-gement. http://www.innodata-isogen.com/
[41] Vgl. OASIS, 2005b, online.
[42] Zu bemerken sei an dieser Stelle, dass die Verwaltungsratsmitglieder der Wirtschaft aus-schließlich aus Vertretern von Großunternehmen wie IBM und Oracle bestehen.
[43] "We acknowledge that no one organization can "do it all" and appreciate that other groups have much to contribute to developing the complete spectrum of technical standards." OASIS, 2005a, online.
[44] Vgl. OASIS, 2005c, online.

nisationen implementiert worden sein. OASIS publiziert seine Standardisierungsempfehlung unter Ausschluss jeglicher Gewährleistung.

Zu den bisher veröffentlichten Standards von OASIS zählen beispielsweise die Standardfamilie ebXML[45], das *OpenDocument Format for Office Applications* (OpenDocument) und der Verzeichnisdienst *Universal Description, Discovery and Integration* (UDDI), der im Bereich der dynamischen Webservices eingesetzt wird.[46]

OASIS ist wie auch das W3C maßgeblich an der Entwicklung dieser so genannten Web Services beteiligt.[47] Die Spezifikationen von ebXML, OpenDocument und UDDI wurden auf der Website der Organisation veröffentlicht und werden sowohl von Mitarbeitern großer Firmen (IBM, Hewlett-Packard, Computer Associates, Oracle, Sun, uvm.) als auch von Forschungseinrichtungen bearbeitet und weiterentwickelt.[48]

3.4 United Nations Centre for Trade Facilitation and Electronic Business

Das *United Nations Centre for Trade Facilitation and Electronic Business*, kurz UN/CEFACT, wurde von der UN-Kommission für Handel und Entwicklung im Jahr 1996 gegründet. Das Zentrum für Handelserleichterungen und elektronische Geschäftsprozesse soll in Transformations- und Entwicklungsländern sowie in den Industrienationen helfen Prozesse und Verfahren in der Informationstechnologie branchenübergreifend zu vereinfachen und zu harmonisieren. Der Schwerpunkt liegt dabei auf der Interoperabilität[49] und der Mehrsprachigkeit von Applikationen. Koordiniert wird die Arbeit beispielsweise mit internationalen Organisationen wie der *World Trade Organization* (WTO) und der *Organization for Economic Co-Operation and Development* (OECD) sowie Nicht-Regierungsorganisationen (*non-governmental organizations*) wie OASIS.

Zu den bisher veröffentlichten Standards von UN/CEFACT zählt beispielsweise die Standardfamilie ebXML.[50] Das Kürzel steht für *Electronic Business using eXtensible Markup Language*, also XML für elektronische Geschäftsprozesse. Die Initiative wurde

---

[45] Siehe Kapitel 3.4, S. 11;Vgl. OASIS, 2005d, online.
[46] Vgl. OASIS, 2005d, online.
[47] Siehe Kapitel 4, S. 14.
[48] Vgl. OASIS, 2005f, online.
[49] „Als Interoperabilität bezeichnet man die Fähigkeit zur Zusammenarbeit von verschiedenen Systemen, Techniken oder Organisationen. Dazu ist in der Regel die Einhaltung gemeinsamer Standards notwendig. Wenn zwei Systeme miteinander vereinbar sind, nennt man sie auch kompatibel." Wikipedia, 2005e, online.
[50] Vgl. OASIS, 2005d, online.

11

1999 gemeinsam mit OASIS mit dem Ziel ins Leben gerufen, damit Unternehmen unabhängig von ihrer Größe und geographischen Lage Geschäftsbeziehungen über das Internet führen können. [51] Für kleine und mittlere Unternehmen sowie Entwicklungsländer werden so Markteintrittsbarrieren abgebaut. Im Mai 2001 wurde die erste Entwicklungsphase abgeschlossen und die Spezifikation von ebXML erstmals vorgestellt. [52] In der zweiten Phase wurde die Spezifikation einem intensiven Diskussionsprozess unterzogen. In elektronischen Diskussionsforen, auf Konferenzen und in zahlreichen Zusammentreffen wurde die Spezifikation kontinuierlich verbessert und nach einem Jahr erneut veröffentlicht. Die technische Entwicklung wurde mit der Ratifizierung im Herbst 2003 abgeschlossen. [53] Der ebXML-Standard ermöglicht die Partnerauswahl aus einem Verzeichnis, Partnerprofile, die Gestaltung von Geschäftsprozessen sowie Spezifikationen zum Nachrichtentransport. Prozess- und Leistungsbeschreibungen anderer Standards wie beispielsweise EDIFACT oder ANSI X.12 können integriert werden, was ebXML zu einem umfassenden Standardisierungsansatz macht. Trotz dieser Vorteile konnte sich ebXML in der Praxis bisher nur wenig durchsetzen. [54]

Der EDIFACT-Standard wurde von der UN-Kommission bereits im Jahre 1988 erstmals veröffentlicht. [55] Es handelt sich dabei um einen weltweit verbreiteten branchenübergreifenden EDI-Standard. „Analog zum menschlichen Wortschatz werden [..] innerhalb EDIFACT Zeichen bzw. Zeichenfolgen nach sachlichen und logischen Zusammenhängen zusammengefasst."[56] Mit dem Sprachschatz können auch Substandards gebildet werden, die branchenspezifische Kommunikationsanforderungen erfüllen.

3.5 Zusammenfassung

Die beschriebenen Institutionen W3C, IEEE, OASIS und UN/CEFACT versuchen durch die Erarbeitung und Verbreitung von Standards die Interoperabilität zwischen heterogenen Informations- und Kommunikationssystemen zu verbessern. Erfolgreiche Arbeit von Standardisierungsorganisationen zeichnet sich dabei durch die Beteiligung wichtiger Interessengruppen aus .Von ihrem Schwerpunkt her unterscheiden sich Standardisierungsorganisationen durch die Ausrichtung auf bestimmte Branchen (z.B. IE-

---

[51] Vgl. OASIS, 2005e, online.
[52] Vgl. UN/CEFACT/ OASIS, 2001, online.
[53] Vgl. Wikipedia, 2005d, online.
[54] Vgl. Klaus/Krieger, 2004a, S. 127.
[55] Vgl. Joint Syntax Working Group, 2005, online.
[56] Vgl. Klaus/Krieger, 2004b, S. 128.

EE), bestimmte Technologien (W3C, OASIS) oder die regionale oder weltweite Wirkungsweise (z.B. UN/CEFACT). Des weiteren gibt es offizielle regierungsnahe Organisationen sowie inoffizielle Foren und Kommissionen der Industrie.[57]

Die Entscheidungsprozesse in den vorgestellten Organisationen verlaufen ebenfalls unterschiedlich. Zwar wird eine offene Diskussion immer ausdrücklich gefordert, jedoch sind die endgültigen Entscheidungskriterien, wie am Beispiel des W3C gezeigt wurde, oftmals unklar. Dies mag auch ein Schutzvorkehrung dieser Organisationen sein, um sich nicht zum Spielball der Interessen von Großunternehmen machen zu lassen.

Des weiteren vermag zwar die hierarchische Aufbauorganisation ein produktives Arbeitsumfeld schaffen, jedoch sind diese formalen Entscheidungswege in Bezug auf den Wandel der Märkte unflexibel und zeitintensiv. Zudem können die großen Standardisierungsorganisationen nicht alle Themenfelder bearbeiten.[58] „Während Standardisierung jederzeit stattfinden kann, erreicht erfolgreiche Standardisierung die erwarteten Bedürfnisse der Technologienutzer."[59] Weitere Unterschiede liegen in der Anzahl und Struktur der Mitglieder vor. Hohe Mitgliedsbeiträge sowie die zeitintensive Einbindung von spezialisierten Mitarbeitern in Projekte wirken für kleine und mittlere Unternehmen als erhebliche Hürde und schaffen eine gewisse Exklusivität. Großunternehmen sind daher im Vorteil und bestimmen auch oftmals das Bild der Standardisierungsorganisationen. Viele Großunternehmen sind zudem Mitglied in mehreren Organisationen, die auf ähnlichen Gebieten operieren. Dies lässt vermuten, dass starke Marktteilnehmer versuchen, auf verschiedenen Feldern Standardisierungsprozesse zu beeinflussen.

In der Zuständigkeit für bestimmte Branchen und Technologien gibt es zwar Überschneidungen, jedoch wirken diese eher ergänzend. Durch die klare Bereitschaft zur Öffnung gegenüber anderen Standardisierungsorganisationen können potentielle Konfliktsituationen abgebaut werden.[60]

---

[57] Vgl. Werle, 2000, online, S. 10
[58] Vgl. Werle, 2000, online, S. 26.
[59] „While standardization can take place any time, successful standards meet the expected needs of the technology users." Sherif, 2003, S. 31.
[60] Vgl. Werle, 2000, online, S. 23.

4 Anbietermacht und Standardisierung bei der Entwicklung von Web Services

Das Spannungsfeld zwischen Kooperation und Konkurrenz bei der Einführung von Standards soll am Beispiel der Einführung des *Simple Object Access Protocol* (SOAP) aufgezeigt werden. SOAP ist ein offener Grundlagenstandard und basiert auf der Auszeichnungssprache XML. Das plattform- und programmiersprachenunabhängige Protokoll legt die Grobstruktur und die Verarbeitungsvorschriften von Nachrichten fest.[61] Die strukturierten Informationen werden verpackt (Packaging) und in ein einheitliches Format überführt (Marshalling).[62] SOAP ist ein Bestandteil der so genannten Web Services, welche die Interoperabilität zwischen heterogenen Systemlandschaften ermöglichen.[63]

Die Entwicklung von SOAP begann im Jahre 1998. Zu diesem Zeitpunkt arbeitete die Firma UserLand Software an der Netzwerksoftware mit dem Namen *Remote Procedure Calls* (RPC). RPC ermöglichte erstmals die Verbindung der proprietäten Netzwerprotokolle der Hersteller Microsoft (DCOM) und Macintosh (Apple Events) mittels XML und HTTP. Durch eine Veröffentlichung wurde Microsoft auf RPC aufmerksam und entwickelte fortan gemeinsam mit UserLand Software das Protokoll XML-RPC weiter zu SOAP 1.1.[64] Im Oktober 1999 wurde SOAP 1.1 von Microsoft mit der Ankündigung veröffentlicht, dass das Protokoll als offener Standard am Markt etabliert werden soll. Der Konzern aus Redmond überraschte damit die Konkurrenz wie Sun und IBM, die nun Konkurrenz befürchten mussten. Durch SOAP war die Microsoft-Software kompatibel zu den Java- und UNIX-basierten Systemen geworden, wodurch nun Geschäftsanwendungen unabhängig vom Objektmodell über das Internet kommunizieren konnten. Mit diesem Schritt wurde jedoch auch das bisher von Microsoft eingesetzte Kommunikationsprotokoll DCOM überflüssig, was die herausragende Bedeutung des neuen Protokolls für Microsoft verdeutlicht. Die Konkurrenten versuchten in der ersten Zeit die Bedeutung von SOAP in der Öffentlichkeit zu relativieren und kritisierten die Einreichung eines Projektvorschlages beim W3C durch Microsoft.[65] Im Mai 2000 wurden erste Informationen zu SOAP 1.1 von den Koordinierungs- und Schemagruppen für

---

[61] Vgl. Kossmann/Leymann, 2004, S. 120.
[62] Vgl. Speyerer, 2004, S.22.
[63] Vgl. Bettag, 2001, online; vgl. Newcomer, 2002, S. 81ff.; vgl. Küster, 2003, S. 5f.; vgl. Huvar/Mattern, 2003, online.
[64] Vgl Winer, 2001, S.4
[65] o.V., 1999, online.

XML beim W3C veröffentlicht.[66] In der gebildeten Projektgruppe zu SOAP 1.2 arbeiteten neben Microsoft auch alle Konkurrenten mit. Im Jahr 2002 geriet die Arbeit an der Standardisierung ins Stocken, weil sowohl Vertriebsfirmen als auch IBM und Microsoft die lizenzfreie Nutzung von bereits patentierten Technologien innerhalb von SOAP 1.2 ablehnten.[67] Dieser Streit konnte jedoch vom W3C intern geschlichtet werden, da im Juni 2003 die vollständige Spezifikation von SOAP 1.2 veröffentlicht werden konnte.[68] Eine offenbare Konkurrenz zwischen dem W3C und anderen Standardisierungsorganisationen hat bei der Entwicklung von SOAP zu keinem Zeitpunkt bestanden. Dies lag einerseits an der gezielten Ansprache des W3C durch Microsoft und andererseits an der Tatsache, dass die Konkurrenten nicht ihren Einfluss bei anderen Standardisierungsinitiativen für eine Gegeninitiative nutzten.

Die Aufteilung der Themenfelder und die starke Kooperationsneigung der Standardisierungsorganisationen ist bei der Entwicklung der Web Services insgesamt erkennbar. Neben dem Protokoll SOAP beschäftigen sich die Arbeitsgruppen des W3C mit der *Web Service Description Language* (WSDL).[69] WDSL liefert eine XML-Beschreibung der Fähigkeiten von Web Services.[70] Um Web Services und deren Schnittstellen überhaupt finden zu können, muss ein Verzeichnisdienst vorhanden sein. Dieser wird unter dem Namen UDDI von OASIS entwickelt. Durch die Interaktion von SOAP, WSDL, und UDDI können höhere Funktionen mit Web Services realisiert werden. Den Zusammenhang der Bestandteile von Web Services zeigt die folgende Abbildung Abb. 3.

Abb. 3: Der WS Technology Stack, Quelle: *Speyerer, J.* (2004): Web Services und Integration, in: FORWIN-Bericht, FWN-2004-009, Nürnberg, 2004

---

[66] Vgl. Küster, 2003, S. 5.
[67] Vgl. Sawall, 2002, online.
[68] Vgl. W3C, 2003, online.
[69] Siehe Abb. 2, S. 8.
[70] Vgl. neben anderen Newcomer, 2000, S. 62ff.

Abschließend lässt sich für den Bereich der Web Services feststellen, dass das W3C sich eher auf horizontale Standards konzentriert, d.h. auf technische Standards, die auf alle Industriezweige angewendet werden können. OASIS hingegen beschäftigt sich mit vertikalen Standards und greift dabei auf bereits bestehende Standards zurück. Gelegentlich kann es dabei zwischen den Standardisierungsorganisationen zu Widersprüchen und Redundanzen kommen.[71]

5 Fazit und Ausblick

Die vorliegende Arbeit hat gezeigt, dass Standardisierungsorganisationen die Entwicklung und Verbreitung von Standards maßgeblich fördern. Der Wettbewerb um einen exklusiven Basisstandard wandelt sich dadurch zu einem Technologiewettbewerb mit gleichen Ausgangsbedingungen. Die Standardisierungsbemühungen sind kein Selbstzweck, sondern werden durch die Mitglieder aus der Wissenschaft und Industrie angestoßen, begleitet und bei Erfolg auch umgesetzt. Vorteile ergeben sich für die Mitglieder aus dem Informationsvorsprung durch das Wissen über die zukünftige Marktentwicklung. Die transparente Entwicklung und die breite Einbindung von Interessengruppen ermöglicht es die kritische Masse schneller zu erreichen. Dies ist wichtig, da besonders die Anwender von Informations- und Kommunikationssystemen auf die Interoperabilität angewiesen sind und bis zum Eintreffen von sicheren Informationen zum Nutzen der Technologie Investitionsentscheidungen zurückstellen. Der Gesamtnutzen einer Technologie steigt dabei mit jeder Erweiterung der installierten Basis. Neben vielen Gemeinsamkeiten, beispielsweise in der Arbeitsweise, gibt es auch Unterschiede zwischen den Standardisierungsorganisationen. Einige Organisationen haben sich zum Ziel gesetzt innovative Technologien zu entwickeln, wohingegen andere sich eher auf die Verbreitung von Standards spezialisieren. Auch hat der Kreis der Mitglieder unterschiedliche Ausmaße, was die Flexibilität und Kapazität beeinflusst. Konflikte zwischen den Standardisierungsorganisationen werden in der Regel nicht öffentlich ausgetragen. Bei Überschneidung der Kompetenzgebiete wird von den Organisationen versucht Kooperationen einzugehen. Anhaltende Meinungsverschiedenheiten zwischen Wettbewerbern werden entweder informell in den Gremien gelöst oder zwischen den Wettbewerbern

---

[71] Vgl. Bettag, 2001, online.

16

direkt ausgetragen. [72] Dies mag an der Einsicht aller Beteiligten liegen, dass eine Kooperationsstrategie dem langfristigen Marktwachstum zuträglicher ist.

Die Koordinationsmöglichkeit von Entwicklungs- und Entscheidungsprozessen ist begrenzt. Auch gibt es kein Gremium, welches die allumfassende Zuständigkeit für die Standardisierung besitzt. Die Vielzahl von Standardisierungsorganisationen wird daher auch zukünftig ihre Berechtigung haben. Trotz hoher Kooperationsbereitschaft muss jedoch darauf geachtet werden, dass nicht unnötige Redundanzen und Überschneidungen entstehen, die zu einer Verunsicherung des Marktes führen können.

---

[72] Vgl. Werle, 2000, online, S. 38.

17

Anhang

XML	Extensible Markup Language	**Adressing**	Web Services Adressierung
XHTML	Extensible Hypertext Markup Language	**OWL**	Web Ontology Language
CSS	Cascading Style Sheets	**SKOS**	Simple Knowledge Organisation System
SVG	XML-Sprache für 2D-Vektorengrafiken, Scalable Vector Graphics	**P3P**	Platform for Privacy Preferences Project
SMIL	Synchronized Multimedia Integration Language	**APPEL**	A P3P Preference Exchange Language
CDF	Common Data Format	**XML Sig**	XML Special Interest Group
XForms	Standard elektronischer Formulare zur Datenerfassung	**XML Enc**	Exclusive XML Canonicalization
MathML	Mathematical Markup Language	**XKMS**	XML Key Management Specification
inkML	Ink Markup Language	**Namespaces**	Namespaces in XML
XHTML Basic	Extensible Hypertext Markup Language Basic	**XQuery**	XML Query Language
Mobile SVG	Scalable Vector Graphics Mobil	**XPath**	XML Path Language
SMIL Mobile	Synchronized Multimedia Integration Language für mobile Anwendungen	**XSLT**	XSL Transformations
Xforms Basic	Standard elektronischer Formulare zur Datenerfassung für mobile Anwendungen	**DOM**	Document Object Model
CC/PP	Composite Capability/Preference Profiles	**XML Base**	Base-URIs für Teile v. XML-Dokumenten
Voice XML	XML für Sprachübertragung	**XPointer**	XML Pointer Language
SRGS	Speech Recognition Grammar Specification	**RDF**	Resource Description Framework
CCXML	Voice Browser Call Control	**SPARQL**	Query Language für RDF
EMMA	Extended Multimodal Annotation Markup Language	**XML Infoset**	XML Information Set
SOAP	Simple Object Access Protocol	**RDF Graph**	Darstellungsform eines semantischen Netzes
XOP	XML-binary Optimized Packaging	**URI**	Uniform Resource Identifier
WSDL	Web Service Definition Language	**IRI**	Internationalized Resource Identifiers
WS-CDL	Web Services Choreography Description Language	**HTTP**	Hypertext Transfer Protocol

Tab. 1: Erläuterung der Bestandteile des W3C Schichtenmodells[73]

---

[73] Siehe Abb. 2, S. 5.

IV

Literatur- und Quellenverzeichnis

Bettag, U. (2001): Web Services, http://www.gi-ev.de/informatik/lexikon/inf-lex-web-services.shtml, 2001, 2005-06-01

Borchers, D. (2004): 10 Jahre Netscape , http://www.heise.de/newsticker/meldung/ 52148, 2005-06-23

DIN (1994): Normungsarbeit; Grundsätze, DIN 820 1994-04, 1994

Göpfert, I. (2000): Logistik Führungskonzeption, München, 2000

Hansen, H.R./Neumann, G. (2002): Wirtschaftsinformatik I, 8. Auflage, Stuttgart, 2002

Hess, A. (1993): Kampf dem Standard, Erfolgreiche und gescheiterte Standardisierungsprozesse – Fallstudien aus der Praxis, Stuttgart, 1993

Huvar, M./Mattern, T. (2003): Offen für den Austausch, http://www.sapinfo.net/public/ en/index.php4/article/Article-113083e4acbea213d7/de/articleStatistic, 2005-06-01

IEEE (2005a): About the IEEE, http://www.ieee.org/portal/index.jsp?pageID=co rp_level1&path=about&file=index.xml&xsl=generic.xsl, 2005-06-16

IEEE (2005b): IEEE Vision and Mission, http://www.ieee.org/organizations/corporate/ vision.htm, 2005-06-17

IEEE (2005c): What is the IEEE?, http://www.ewh.ieee.org/sb/bombay/djsce/about_ ieee.htm, 2005-06-17

IEEE (2005d): 2005 IEEE Membership Application, http://www.ieee.org/membership /mem_serv/genapp.pdf, 2005-06-17

IEEE (2005e): IEEE Constitution, http://www.ieee.org/portal/index.jsp?pageID=corp_ level1&path=about/whatis&file=constitution.xml&xsl=generic.xsl, 2005-06-17

IEEE (2005f): IEEE Policies, http://www.ieee.org/portal/site/mainsite/menuitem.818c0 c39e85ef176fb2275875bac26c8/index.jsp?&pName=corp_level1&path=about/wh atis/policies&file=p6-3.xml&xsl=generic.xsl, 2005-06-17

Johannes, H. (1999): Standardisierungsanreize bei technischen Systemen, http://www. ub.uni-siegen.de/pub/diss/fb5/2000/johannes_heike/johannes_heike.pdf, 2005-06-20

Joint Syntax Working Group (2005): ISO 9735 - EDIFACT Application level syntax rules, http://www.gefeg.com/jswg/v41/data/iso9735.htm, 2005-06-23

Klaus, P./Krieger, W. (2004a): Electronic Business XML, in: Klaus, P./Krieger, W. (Hrsg.): Gabler Lexikon Logistik, Wiesbaden 2004, S. 127

Klaus, P./Krieger, W. (2004b): EDIFACT, in: Klaus, P./Krieger, W. (Hrsg.): Gabler Lexikon Logistik, 3. Auflage, Wiesbaden, 2004, S. 128

Kossmann, D./ Leymann, F. (2004): Web Services, in: Informatik Spektrum, Bd. 27, Heft 2, 26.04.2004, S. 117-128

Krempl, S. (2005): Industrie feiert Ausschussentscheidung als Etappensieg bei Softwarepatenten, http://www.heise.de/newsticker/meldung/60893, 2005-06-21

Küster, M. W. (2003): Web-Services – Versprechen und Realität, in: HMD – Praxis der Wirtschaftsinformatik, Heft 234, 12/2003, S. 5-15

Newcomer, E. (2002): Understanding Web Services. XML, WSDL, SOAP and UDDI, Boston, San Francisco, New York, 2002

OASIS (2005a): Frequently Asked Questions, http://www.oasis-open.org/who/faqs.php, 2005-06-18

OASIS (2005b): Joining OASIS, http://www.oasis-open.org/who/data_sheets/OASIS-join-datasht-A4-05-04-13.pdf, 2005-06-18

OASIS, (2005c): OASIS Intellectual Property Rights (IPR) Policy, http://www.oasis-open.org/who/intellectualproperty.php, 2005-06-18

OASIS (2005d): OASIS Standards and Other Approved Work, http://www.oasis-open.org/specs/index.php, 2005-06-19

OASIS (2005e): About ebXML, http://www.ebxml.org/geninfo.htm, 2005-06-19

OASIS (2005f): Web Services Resource 1.2, http://docs.oasis-open.org/wsrf/2004/11/wsrf-WS-Resource-1.2-draft-02.pdf, 2005-06-20

o.V. (1999): Microsoft will die Konkurrenz „einseifen", http://www.computerwoche.de/index.cfm?pageid=254&artid=11047&main_id=11047&category=8&currpage=1&type=detail&kw=microsoft%20will%20konkurrenz%20einseifen, 2005-06-15

o.V. (2005a): Standardisierungsorganisationen, http://www.wikiservice.at/dse/wiki.cgi?StandardisierungsOrganisationen

o.V. (2005b): Institute of Electrical and Electronics Engineers (IEEE), http://www.heise.de/glossar/entry/9ece9024b3dac1a2, 2005-06-21

Sawall, A. (2002): Standardisierung von Web Services kommt voran, http://de.internet.com/index.php?id=2017574, 2002, 2005-06-20

Sherif, M.H. (2003): When is Standardization slow?, in: International Journal of IT Standards & Standardization Research, 1(1), 19-32, Jan-Mar 2003

Speyerer, J. (2004): Web Services und Integration, in: FORWIN-Bericht, FWN-2004-009, Nürnberg, 2004

UN/CEFACT/ OASIS (2001): Message Service Specification v1.0, http://www.ebxml.org/specs/ebMS.pdf, 2001, 2005-06-10

W3C (2003): SOAP Version 1.2 Specification Assertions and Test Collection, http://www.w3.org/TR/soap12-testcollection/, 2005-06-20

W3C (2005a): Ziele, http://w3c.de/about/mission.html, 2005-06-14

W3C (2005b): Über das World Wide Web Consortium, http://www.w3c.de/about/overview.html, 2005-06-14

W3C (2005c): Naming and Addressing: URis, URLs, ..., http://www.gbiv.com/protocols/uri/rfc/rfc3986.html, 2005-06-14

W3C (2005d): Extensible Markup Language (XML), http://www.w3.org/XML/, 2005-06-14

W3C (2005e): World Wide Web Consortium (W3C) Members, http://www.w3.org/Consortium/Member/List, 2005-06-15

W3C (2005f): Mitglied im W3C werden, http://www.w3c.de/mitgliedwerden.html, 2005-06-15

W3C (2005g): Über die W3C-Mitgliedschaft, http://w3c.de/about/membership.html, 2005-06-15

W3C (2005h): W3C Process Document, http://www.w3.org/2004/02/Process-20040205/activities.html, 2005-06-16

Werle, R. (2000): Institutional Aspects of Standardization: Jurisdictional Conflicts and the Choice of Standardization Organizations, Max-Planck-Institut für Gesellschaftsforschung, Discussion Paper 00/1, http://www.mpi-fg-koeln.mpg.de/pu/mpifg_dp/dp00-1.pdf, 2000, 2005-06-24

Wikipedia, (2005a) Hypertext Transfer Protocol   http://de.wikipedia.org/wiki/http, 2005-06-14

Wikipedia (2005b): Resource Description Framework, http://de.wikipedia.org/ wiki/RDF, 2005-06-14

Wikipedia (2005c): IEEE, http://de.wikipedia.org/wiki/IEEE, 2005-06-17

Wikipedia (2005d): Electronic Business XML, http://de.wikipedia.org/wiki/Electronic _Business_XML, 2005-06-19

Wikipedia (2005e): Interoperabilität, http://de.wikipedia.org/wiki/Interoperabilit%C3% A4t, 2005-06-20

Winer, D. (2001): Programming Web Services with XML-RPC, in: Laurent, S. St./Johnston, J./Dumbill, E. (Hrsg.): Programming Web Services with XML-RPC, Beijing, Cambridge, Farnham, Köln, Paris, Sebastopol, Taipei, Tokyo, 2001, S. 4-6

www.ingramcontent.com/pod-product-compliance
Lightning Source LLC
La Vergne TN
LVHW042256060326
832902LV00009B/1076